信心の喜びを分かち合おう

―絶対の確信で幸せの境界に―

目次

「富嶽 奉安堂塀」画　佐伯教通

収録した体験談は、『妙教』『大白法』に掲載されたものに加筆したもので、末尾に掲載号を記しました。

折伏の縁は　身近なところに

霑妙寺信徒　古賀　文子

こが　ふみこ
看護師として、人々の悩みに接し、明るく日蓮大聖人の仏法を語る。地区長を務め、折伏と育成に励む毎日。

私は霑妙寺支部の古賀文子と申します。

今回、病院の看護師を約四十年勤めるなか、私の関わった患者さんで、悩みを持っていた一人の御婦人を折伏した体験を発表させていただきます。

コツコツと信心の話を

彼女（今村美智子さん）は、アルコール中毒で肝臓を傷《いた》め、しばらく、私が勤務する病院に入院しておりました。御自分の病気もさることながら、さらに病気の御主人を抱え、大変な状況でした。病気の御主人は肝臓ガンで別の病院にかかり、自宅で療養《りょうよう》されていました。

ある時、彼女が私に「主人が、救急車で今、病院に運ばれた」と言うのです。入院中の彼女は私に助けを求めてきたのだと思い、すぐに御主人が搬送《はんそう》された病院へ行くように言うと、彼女は急いでタクシーで向かいました。自宅での発見があと三十分遅れていたら、亡くなっていたという重い状態であったとのことでした。幸《さいわ》い、なんとか助かりましたが、御主人の容態は一進一退を繰り返す危険な状態が続きました。私は、御主人もなんとか信心させたいと思いました。

私は彼女に、早速、日蓮大聖人様の仏法を話して聞かせ、真剣に折伏を始めました。

「あなたは、南無妙法蓮華経の教えを聞いたことはある?」と聞くと、彼女は「それは創価学会やろう?」と言うのです。「それは違う。私は日蓮正宗の信徒です」と伝えると、彼女は「創価学会ではないの? 実は、主人の身内に創価学会員がいて、強く学会に入るように言われている。主人も私も創価学会が大嫌いだったから、南無妙法蓮華経と言われても……」と言うのです。学会とは関係ないと話しても、最初は理解できないようでした。しかし私は、いつも霑妙寺で教えられていることを少しずつ話してみました。その日は夜勤で、ほかの方もほとんどいなかったので、じっくり彼女に信心の話をすることができました。

私は彼女に「あなたの御主人を、この信心で救ってあげよう」と伝え、私の孫の病気克服《こくふく》の体験を話して聞かせたりしました。

私の孫は、六歳の時に「モヤモヤ病」を発症し、命の危険に何度もさらされました。脳梗塞《こうそく》も起こし、障害が残ってもおかしくない状態でした。母親である娘も、そして私も、孫を救いたい一心で真剣に祈り、御本尊様に救っていただいた功徳の体験があったのです。そして孫は、今では病気を克服し、障害もなく、部活動もできるほど元気に学校へ通っています。

この話を通して、彼女に「御本尊様は、必ずあなたの御主人の命を助け、あなた自身も大きな功《く》徳《どく》に包まれて、必ず幸せになれますよ。だから御主人を救うためにも、この信心を一緒にやってみませんか?」と真剣に折伏しました。

すると彼女は「私をそのお寺に連れて行って」と言ったのです。その言葉を聞いた私は、すぐにお寺に連絡し、お連れする日時を決めてもらいました。

それからの数日間、私は、彼女の気持ちが変わらないよう御本尊様に真剣に祈りました。

当日、御住職は私と彼女を笑顔で迎えてくださり、お話をしてくださいました。御住職は、本人の気持ちを確かめるように、信心のすばらしさと、御主人を救いたいという彼女の気持ちに安心を与えるようにお話をされました。

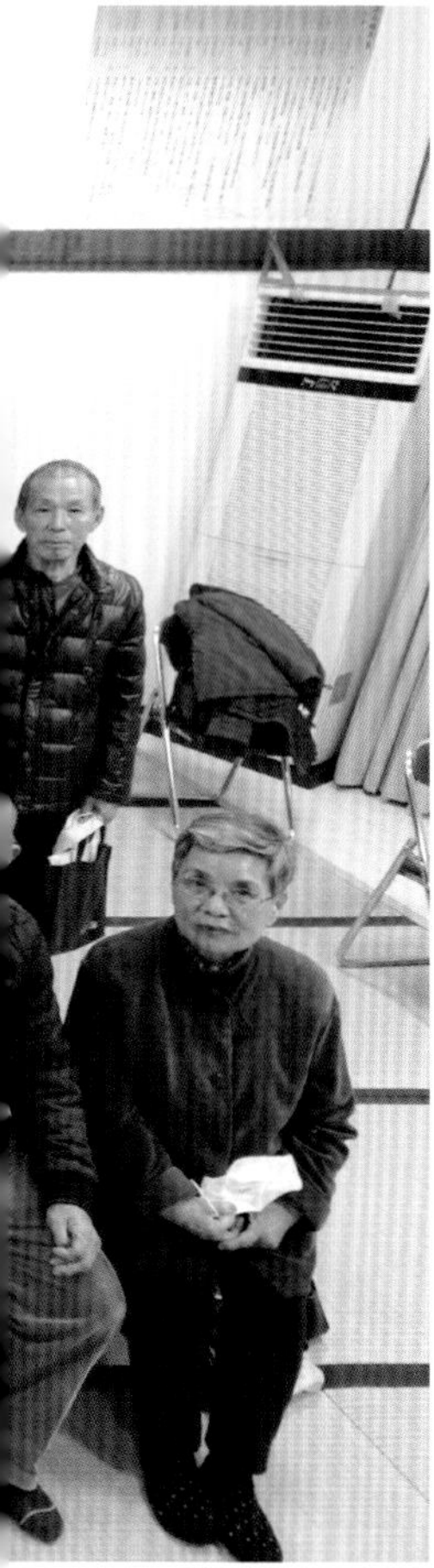

御夫婦そろって入信が叶う

すると、彼女の顔から「この信心をしてみたい」という気持ちと「この信心で主人を救いたい」という強い思いが伝わってくるのが解りました。私も彼女の背中を押すように「御主人を救えるのは今しかない。一緒に信心をしましょう」と心の底から言葉を掛けました。すると彼女は決意したのです。そのまま、御住職の御導師により御授戒を受けることができました。

その日のうちに、彼女は早速、入院中の御主人に携帯電話で連絡を取り、今日の入信の経緯を話したのです。すると、電話口の御主人は、私に電話を代わるようにと言われたのです。私が電話に出ると、御主人は電話の向こうから苦しそうな声で「古賀さん、私も助けて」と言うのです。

しかし、その時の御主人の状態は、とてもお寺へ連れて来れる状態ではありませんでした。

それから一カ月間、彼女は真剣にお題目を唱え、「主人の病気が少しでもよくなり、一日でも早くお寺で御授戒を受けられるように」と祈れました。その功徳でしょうか、御主人は不思議にも退院でき、また自宅で療養できるほどにまで快復したのです。それでも外出は難しいと思われていましたが、御主人はお寺に行くことを強く望まれましたので、

支部の皆さんと

私は思い切って御主人を車に乗せ、彼女と二人でお寺にお連れすることにしました。これも一カ月間、彼女と私が真剣にお題目を唱えた結果だと思います。

お寺に着いた御主人は、喜んで御住職からお話をお聞きして、御授戒を受けることができました。御主人は、御授戒のあとに喜びの笑顔を見せてくれました。私は、御授戒を受けると、人はこれほどまでに変わるものかと、本当に不思議に思いました。その時は松葉杖をついて、やっとお寺に来た御主人が、二週間後の唱題会の時には、松葉杖も使わずに歩行できるようになっていたのです。

みるみる変わっていく御主人の姿に、私も彼女も、御本尊様の功徳はここまですごいのだと感じました。

そして、しばらくして、お二人は「我が家に御本尊様をお迎えしたい」と言うのです。私は早速、御住職にこのことをお話ししました。御住職は「では、仏壇を用意して御本尊をお迎えする準備をしてください」と言われました。

入信した今村さん（中央）と

私達は喜んで準備にかかりました。そして、いつでも御本尊様を迎えられるよう手を尽くし、昨年十二月五日の広布唱題会の日に、御本尊様を御下付していただきました。

その後、御夫婦の喜びのなか、御住職を迎えて入仏式をしていただきました。

多くの縁を大切に

このたびのことは、折伏をしたいと願ったことで、病院に勤める私と患者さんであった彼女との巡《めぐ》り会わせという、御本尊様が与えてくださった縁であったと思い、御本尊様から頂いた功徳であったと信じております。

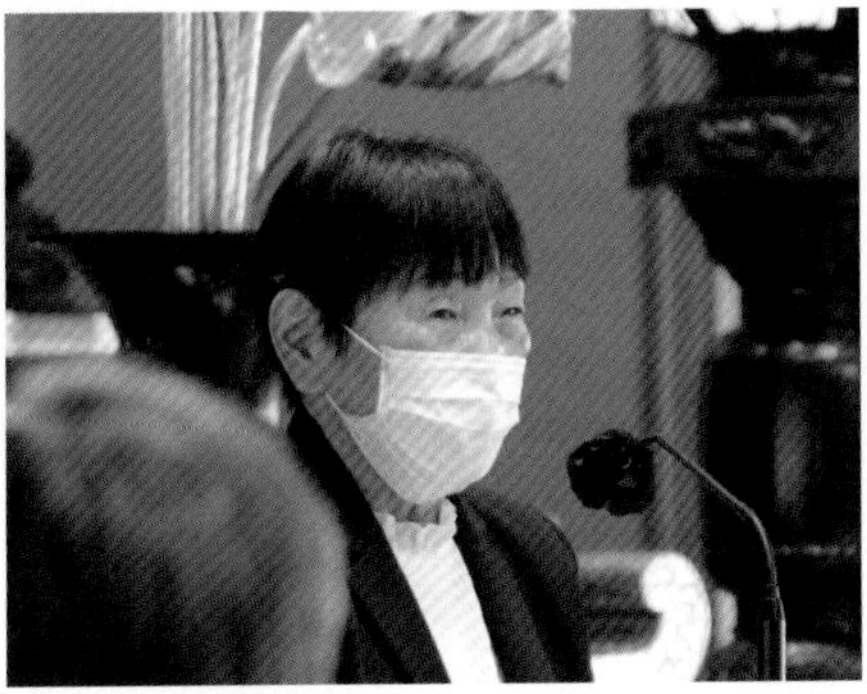

体験発表をする古賀さん

私は昨年も、同じように病院で知り合った患者さんの吉川さんを折伏したことがありました。私にとって、今、勤める職場が、妙法の縁を結ぶ広布の使命を果たせる折伏の場なのだと感じております。

その縁を掴《つか》めるかどうかが、唱題の功徳だと思います。皆様にとっても折伏の縁とは、身近な所、それが職場であったり、毎日顔を合わせる人達であったり、そのような所に多くの折伏の縁はあるのではないでしょうか。

最後に、このたび体験発表の機会を与えていただいたことに感謝し、私の話を終わりたいと思います。御清聴有り難うございました。

（妙教・令和４年４月号）

苦難を乗り越えたからこそ、絶対の幸せを伝えられる

もっと寺院参詣 もっと唱題 そして折伏！

本誓寺信徒　シャロン・ミヤガワ

シャロン・ミヤガワ

アメリカ・ハワイ州の本誓寺信徒。現在は副講頭として、正法広布のため折伏弘教に邁進。本年は四人の折伏を成就。

私がこの信心を始めたのは二十二歳の時です。当時は大学に通いながら、人生に何かを求めていました。占星《せんせい》術や数秘《すうひ》術、オカルトなど、心霊《しんれい》科学と言われるものにも興味があり、友人や家族と一緒にキリスト教の教会や様々な仏教寺院を訪ね歩いていました。

友人を通じて日蓮正宗に「功徳は正法のお陰」と気付く

それらのどれにも魅力を感じませんでしたが、日蓮正宗を知った時には、これが私に受け入れら

れる最も現実的な信仰であると気付きました。

友人に誘われて、ある人の自宅で開かれる会合に行ってみることにしたのです。そこには、老若《ろうにゃく》男女《なんにょ》、色々な人がいて驚きました。年配の日本人が多いと思っていたのですが、私のような若い人もいて、「失うものは何もないのだから、この信心をやってみよう」と思いました。日蓮正宗の教えには、偽善《ぎぜん》的なことも科学的に矛盾《むじゅん》することもなく、私にも受け入れられそうだと思ったのです。

会合の終わりに「南無妙法蓮華経」の唱え方と、御本尊様に御祈念をすることなどを教わりました。

その時の私は金銭的な願い事をしました。会合の翌日、たまたま家で探し物をしていたら二十ドル札を見つけて、「これは、お題目を唱えた功徳《くどく》なのかな」と思いました。

そして、お題目を半年間唱えたころ、会合に参

自宅で御住職と共に

加したあとで、ある方から「入信して、御本尊様を御下付いただいては」と勧《すす》めていただきました。まだ御本尊様の重要性をしっかり認識していなかった私でしたが、「入信させていただこう。御本尊様を御下付いただきたい」と思いました。このころの私は、既《すで》に心霊科学などに興味はなく、この仏法にはもっとたくさんの魅力があると気付いていたのです。

入信後、よいことが色々起こりましたが、なかでも大きな功徳として、それまで会ったことのなかった叔父《おじ》に会いに、ニューヨークへ無料で行けることになりました。

信心を始めた最初の一年、たくさんのすばらしい功徳を頂きましたが、最終的には、これらの功徳は正しい仏道修行のお陰であると思いました。仏法では偶然はなく、すべてに原因と結果があることを学んだからです。

信心で大きく変わった自分

朝夕《ちょうせき》の勤行で読誦するお経を学ぶのは、興味深い挑戦でした。毎日お経本を読み、すぐに覚えました。「会合へ出ている人達にお経が読めるのだから、私にもできないわけがない」と思っていたのです。

気が付けば、企画会議や様々な活動にも参加するようになっていました。かなり熱心になり、友達をたくさん、お寺や他会場での会合に連れていきました。

このように、信心を実践すると、すぐに目に見える結果や、あとから気が付く結果など、様々な形で功徳を頂戴します。目に見える結果はそう簡単には現れない時もあります。信心を始めたころの私は、とてもせっかちで、怒《いか》りに満ちていました。一人っ子のため甘えん坊でもありました。

しかし、十年経ったあと、私は自分が大きく変わったことに気付きました。忍耐力が付き、人生に対する不満や怒りを感じなくなったのです。他人の役に立ちたい、平和な世の中を作りたいとも思うようになりました。

母の入信とSGIからの脱会

ある日、浄土宗を信仰している両親に信心の話をしましたが、興味を示してくれませんでした。

それでも私が信心をずっと続けていると、そのうち、母も一緒に会合へ参加するようになりました。とは言え、母に入信する気は全くありませんでした。

父が死期を迎えて昏睡《こんすい》状態に陥《おちい》った時、私は父の側《そば》で何日もお題目を唱えました。この時、意識不明の状態でも、人の声が聞こえるのだと私は知りました。母は私が精神的に強くなったのを見ていたのでしょう。父が亡《な》くなった翌日、迷わず御授戒を受け、入信しました。

またある日、会合へ行くと、日本から来た信徒がいて、「自分は若いころは貧しかったが、二十年後の今はビジネスで成功している」という話を聞いたのを覚えています。私はとても勇気付けられました。

その夜、スーパーマーケットへ行った時、店員の一人に話し掛けたことから折伏の機会を得て、彼は会合に出ることを決め、入信しました。

そのころ、私は創価学会員である人と結婚し、我が家でたびたび会合を開くことになりました。

アメリカではNSA（日蓮正宗アメリカ）と呼ばれる創価学会が日蓮正宗を攻撃し始めました。SGI（創価学会インタナショナル）がいかに貪《どん》欲《よく》になっているかを知った私達夫婦は、組織を離れました。SGIの幹部から脱会の理由を聞かれた時、私は「正しい信仰をするために入信したのである。そのためには、お寺が信仰の要《かなめ》であって、あなた方の組織ではない」と答えました。

それからは、本誓寺の当時の御住職を何度も自宅へお招きし、知り合いの創価学会員を招いて会合を開きました。お陰で、参加した学会員のほとんどが脱会して、お寺で信心することができました。

我が子の病に悩む日々　障魔を越えて、より強盛な信心に

その後、私は妊娠《にんしん》して女の子を授かりました。ところが、心臓に問題があり、生後六カ月で手術を受けました。

もちろん、たくさんお題目を唱えました。手術は百パーセントではありませんが、なんとか成功しました。

数年後、彼女は発作《ほっさ》を起こすようになり、常に薬を飲まなければならなくなりました。罪障《ざいしょう》の深さに私は苦しんでいました。

この期間、私はずっと「今の私には折伏なんて

勉強会で大聖人の仏法を学ぶ

できない」と思っていました。自分の人生がこんなに苦しいのに、他人にこの信心のすばらしさを伝えることなんてできるだろうかと疑っていたのです。

今では、この考え方は間違いだと解っています。自分の罪障を軽くするために、もっともっと折伏するべきだったのです。もちろん、お寺には参詣し続けましたが、折伏をしない修行は正しくはなかったのです。あとになって、自分のためだけでなく、他人の幸せのためにもお題目を唱えるという「自行化他《けた》の信心」がよく解りました。自分のことで悩むのは当然ですが、それよりも折伏に専念しなければならなかったのです。

「御本尊様を信じて疑わないこと」。だれもが何度も聞いたことがあると思いますが、実際に、つらく悲しい体験をしないと、本当の意味は解らないように思います。

「正しいことを言うべき時に言う」「行動すれば、仏様の智慧《ちえ》が涌《わ》く」「日蓮大聖人様の御金言《きんげん》のままに、御本尊様に向かって真剣にお題目を唱えて折伏をすれば、必ず守られる」。

私は、多くの友人、同僚《どうりょう》、隣人にこの信心の話をしましたが、お寺に来て入信したのは、ほんの数人でした。その原因を探《さぐ》ってみると、ほとんどの場合「ああ、この人はキリスト教の教会に行っているから、仏法には興味がないだろう」とか「友情を損《そこ》ないたくないから、信心の話はしたくない」などと考えて、折伏することから逃げていたのだと思います。

私達は多くの場合、折伏を躊躇《ちゅうちょ》することがあります。これが「己心《こしん》の魔」と言われるものではないでしょうか。それを自覚して、これと闘《たたか》わなければならないのです。

折伏に励める自分を取り戻せた

今は、御住職の御指導のもと、多くの人を本誓寺にお連れできる自分に戻りました。

御住職は「お友達や御親戚《しんせき》を、お寺に連れてきてくれればいいんです」と、私達に折伏の御指導をしてくださいます。そこで、私も御住職の御指導に従い、普段着の折伏をして、友人を伴ってお寺に行きます。そして、お寺に着いたら中に入って御本尊様にお題目を三唱し、御住職に御挨拶をするようにと伝えます。

思えば、私達が御法門の内容を自分でもよく理解しないまま折伏の相手に話をしたり、簡単に話せば済むことを難しく話すことによって、相手が誤解し、入信を拒《こば》むことがあります。ところが、御住職は、折伏相手が何を理解できていないかや、こういうことを聞きたがっているのかな、というようなことを素早くキャッチして、解りやすく説明してくださるので、ほとんどの方がよく理解し、納得されます。しかも、それが因果の法則にのっとって、道理にかなっている話なので、御授戒を受けることを断る理由がないのです。

もう、どんな問題にも揺らぐことはない

唱題は、私に人生の方向性を与えてくれます。しっかりお題目を唱えていると、時々、解決の方法が頭に浮かんだり、状況が好転するということがあります。真摯《しんし》にお題目を唱えることで、自分の人生が整理され、心に安らぎを感じられるようにもなりました。これを、信心していない人は、ただの「運」と呼ぶかも知れませんが、因果の道

講中の皆さんと御会式を寿ぐ（住職右がシャロンさん）

理は厳格です。思いもしなかったよいことが起こったり、説明がつかないような体験ができたのは、この正法修行の功徳であると確信します。

私生活に問題がないわけではありませんが、それを受け入れることはできます。経済的な問題や夫婦間の問題、あるいは病気の両親との関係で悩んだこともあります。しかし今は、この正法をだれかに伝え、その人の人生を発展させていくこと、他人の幸せのために折伏をさせていただけることが、何よりの幸せであると強く思います。

お寺での勉強会に参加することで、人生について、より深く考えるようになりました。仏法を学ぶことで、生命や人に対する理解が深まり

ました。日々の修行と併せて、より他者と調和した生活や仕事、目標達成、ストレスフル（強いストレスを感じていること）な状況への対処ができるようになりました。

寺院参詣が元気の源に

私は四十年以上、パラリーガル（法律事務所に勤務し、弁護士の指揮監督のもとで法律業務を補佐する法律関連の専門職）として働いています。パラリーガル協会の理事を務めたり、セミナーのコーディネートをしたりと、活発に活動しています。ストレスが多い仕事です。

御住職はよく「物事は悪い面ばかりではないのですよ」と言われます。ストレスで悩み苦しむことも、さらに仏道修行に励めることとなり、広宣《こうせん》流布《るふ》を目指す原動力になると知りました。

私は、どんなに忙しくても毎週末にはお寺へ行き、可能な限りお寺のお手伝いをさせていただきます。御住職とコミュニケーションを取ることはとても大切です。お寺とつながっていないのは、信心修行のパワーを失っているようなものです。

バッテリーに例えると、バッテリーが切れてしまってはいい結果を期待できるわけがありませんから、充電する必要があります。同様に、私はお寺へ参詣するたびに新しいことを学べ、励まされて、まるでチューンナップをしてもらっているような感じです。インターネットの会合で御住職の話を聞くだけでは不十分です。実際にお寺に足を運び、お寺の御本尊様を直接拝することが大事です。

これからは、もっと多くの人に直接お寺へ参詣してもらい、一緒に修行し、励まし合えるよう精進してまいります。

（大白法・令和4年8月1日号）

日々、自身の信心を顧みて

コロナ禍でも変わらない 固く信念を貫いて

最教寺信徒 中川 稔朗

なかがわ　としろう
平成３年３月に最教寺信徒となり、同27年から副講頭を務める。毎月の御講は家族全員で参詣。

今日は、今年の一月に仕事関係の三浜瑞季君を折伏させていただいたお話と、それに加えて、現在のコロナ禍《か》における信心活動について発表させていただきます。

脳裏に浮かんだ「折伏」の言葉

三浜君とは仕事の関係で知り合いました。彼は昨年、福井県から、縁あって石川県の現在勤めている取引先に入社してきました。

初《はつ》顔合わせの時の印象は、正直なところ、あまりよくありませんでした。というのも、彼は、相手に対して上から目線でものを言うようなところがあり、私とも初めのころ、何度か険悪な状況になったことがありました。さらに、昨年の夏には、彼が仕事で大きなミスをしたことで、私が経営する会社も影響を受けることになりました。

この時、彼からすぐに謝罪の電話がありました。私はその時、クレームを言ってやろうという気持ちで電話に出ましたが、一瞬「折伏」という言葉が脳裏《のうり》に浮かび、電話では彼を励ましていました。その励ましが幸いしたのか、それ以降、彼との関係がよくなり、私の会社に対する対応も変わって、仕事を進めやすくなりました。

その後、私は彼をなんとかお寺にお連れしたい、折伏したいと願うようになり、日々、御祈念をしていました。しかし現実には、コロナ禍ということでお寺で唱題する機会が減り、さらには仕事が忙しくなりました。

その影響で、信心の意識が遠のき始めているこ

御住職、藤本講頭（右端）、北村副講頭（左端）と中川さん一家

とに、自分でも気が付きました。

コロナ禍、多忙な仕事、お寺に参詣してもだれもいない。みんなが信心活動をできていないから、自分も大丈夫だろうと、知らず知らずのうちに懈怠《けだい》謗法を犯《おか》していたのです。折伏の意識が弱くなっていたので、三浜君から連絡があっても、仕事の話だけで終わってしまう状態が続きました。

己の信心はどうだ 自らの声に省みる

十二月も半《なか》ばを過ぎたころ、お寺で行事の終了後に、私は副講頭という立場で参詣の皆さんに挨拶をしました。

その際「コロナ禍でもお寺にできるだけ参詣し、唱題をしていけば、必ず折伏してほしい人が目の前を通るので、その時のチャンスを逃《のが》さないでください」と発言したのです。


自分自身ができていないのに、そういう発言をしていることを振り返り、たいへん恥ずかしく思いました。このままでは魔に呑《の》まれてしまう。なんとか折伏をして本来の自分を取り戻したい、と強く思うようになり、それからは、まずは朝夕《ちょうせき》の勤行を、惰性《だせい》ではなく真剣に行い、しっかり折伏の御祈念をするようになりました。

すると、年末の十二月二十九日に、三浜君から年末の挨拶の電話がありました。これは、絶対に折伏しなさいとの御本尊様からの御命《ぎょめい》だと確信した私は、「年明けに、私の家で新年会を兼ねて一緒に食事をしよう」と彼を誘いました。

すると彼は「是非うかがいたいです。中川さんは、以前も現場で御飯にでも行こうかって言ってくださいましたが、その後、お誘いもなかったので、実は待っていたんです。お話ししたいこともありますし」と言いました。

彼の言葉に、私は自分の懈怠によって、もっと早くに折伏できる人をみすみす見逃していたのだという罪悪感を強く感じました。同時に、御本尊様にたいへん申し訳ないことをしてしまったと後悔しました。

魔を見破って折伏成就を固く誓う

一週間後、三浜君に会う日を決めるため彼に電話をし、一月十四日に会う約束ができました。

御住職様（谷口信傑御尊師）に御報告し、それからは、お寺に足を運んで折伏成就の御祈念の唱題を真剣に行いました。

約束の日の二日前に三浜君から電話がありました。もしや予定がだめになったのだろうかと、いやな予感がして電話に出ると、会社の事務員さんのお子さんが新型コロナウイルス感染者の濃厚接触者に当たるかも知れず、結果が出るのが明日だと言うのです。

私は「そんなことってあるだろうか、せっかくここまできたのに、またしてもコロナに阻《はば》まれるのか」と気持ちが折れかけました。しかし、これは魔の用《はたら》きだと確信して、その夜はお寺に参詣して唱題しました。翌日も唱題のため参詣し、「なんとか折伏させてください」と御祈念しました。

しかし、当日の夕方になっても三浜君からの連絡がなく、こちらから連絡しようかどうしようかと迷っていた時、携帯電話に「大丈夫でした。今日行けますよ」と連絡がありました。私は、必ず今日、折伏するぞと強く思いました。

彼を迎えに行き、落ち合うことができました。当初は、自宅で信心の話をしてからお寺にお連れする予定でした。しかし気が付くと、私は車の中で、自分でもはっきり覚えていないくらい信心の話をし続けました。彼も素直に話を聞いてくれて、「じゃあ、今からお寺に参詣しましょう」と言ってくれました。私はとても嬉しくなり、そのままお寺にお連れしました。

　到着すると、御住職様は、信心のすばらしさや、なぜ信心をしなければいけないのか、なぜ日蓮正宗でなければいけないのか、不幸の原因はすべて謗法が蔓延《はびこ》る故であること、などを解りやすく彼にお話しくださいました。その後、私が「謗法を払って、これからは一緒に信心しよう」と言いましたところ、彼は入信を決意して、御授戒を受けることができました。

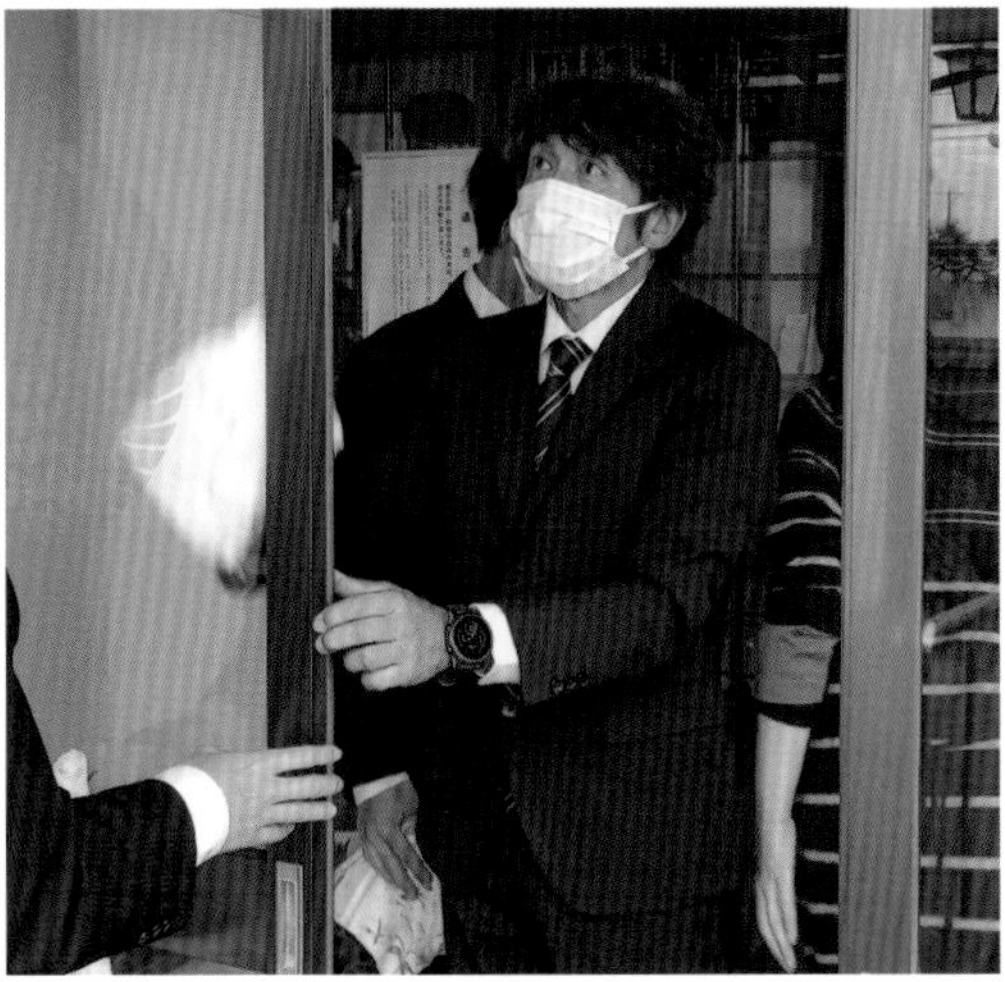

心を込めた寺院清掃

　彼が御授戒を受ける姿に、私は自分自身がコロナに勝ったように思えて、これまでの折伏成就よりも一層、嬉しかったです。何より、三浜君が日蓮正宗の信心について理解し、私を信じて入信してくれたことが嬉しかったです。私自身も、これで十年以上にわたる「毎年一月の折伏成就」を継続することができました。

　御授戒のあと彼と食事に行き、世間話や会社の人間関係、趣味の話など、色々話しました。

　彼の悩みを聞きながら、それらの苦しみにはすべて原因があって、今の結果になっているのだということを話しました。入信後の彼だからこそ、仏法に照らし合わせて説明することができ、とてもよかったと思いました。

　今年も一月に折伏を成就できたことで、少しばかり、御本尊様に御報恩できたのかなと思います。私がこの、特に一月の折伏成就にこだわる理由は、総本山で御法主上人猊下が一カ月間の唱題行をなされている時に、その御法主上人猊下の御慈悲《じひ》にお応えしたいという思いからです。その結果、十年以上にわたり、毎年一月に折伏を成就させていただいております。

当然ながら、そのための事前の準備は必ず行います。その準備とは、友人や知人、あるいは一度しか会っていない人でも、自分が折伏したいと思う人の名前をとにかくたくさん書き出して、お寺へ用紙を提出し、御住職様に御祈念していただきます。

自身でも朝夕の勤行をしっかり行い、大切な年のスタートの新年初登山に参加させていただきます。あとはお寺での唱題です。この準備を、私はずっと続けてきました。この先も一年を通して、折伏を実践するため準備は継続してまいります。

また入信後は、何より日頃の勤行が大切なこと、御講参詣、御登山が大切なことをお教えし、育成しています。

副講頭として挨拶に立つ中川さん（目師会）

油断せず、着実な折伏を実践

今回の折伏で体験したことは、人は楽なほうにはすぐに流れてしまい、信心の気持ちが弱くなるのはあっという間であること、一度弱くなった気持ちを元に戻すのはたいへんで、時間もかかるということです。特に今は、新型コロナウイルス蔓《まん》延《えん》防止のため、以前のようにはいかない場面もあります。このような状況で、信心の意識を維持することは、けっして簡単ではありません。

だからこそ、御法主日如上人猊下の御指南を繰り返し拝し、このコロナ禍の状況でも今の自分にできることを考えて確実に実行していけば、必ず結果が出ると確信しています。もし、今日の私の発表が皆様のお役に立てるならば、たいへん嬉しく思います。

御法主日如上人猊下は、

「各講中共に僧俗一致・異体同心の盤石《ばんじゃく》なる体勢を構築し、仏祖三宝尊への御報恩謝徳のもと、尚《なお》一層の精進をもって一天広布へ向けて大きく躍進し、御奉公の誠《まこと》を尽くしていかなければならない極めて大事な年であります。就中《なかんずく》、昨今の『新型コロナウイルス感染症』の蔓延によって、世界中が騒然《そうぜん》としている状況を見る時、私共は改めて大御本尊への確乎《かっこ》不抜の信念のもと、一人ひとりが身軽《しんきょう》法重・死身弘法《ぐほう》の御聖訓を旨に蹶然《けつぜん》として折伏に立ち上がり、この難局を乗り越えていかなければなりません」

（大白法・令和四年一月一日号）

と御指南あそばされております。

これからも、コロナ禍だからこそ、自分にできることを探して、準備を怠《おこた》らず折伏に取り組んでまいります。

（大白法・令和4年4月1日号）

幸せな生活も、折伏成就も、けっして諦めない心で

どんな願いも必ず叶う

正継寺信徒　永登　美幸

ながと　みゆき

二男一女の母。夫の闘病を支えながら、婦人部主任として活躍。先日、長男の嫁を折伏して正継寺で挙式する。

皆さん、こんにちは。正継寺支部の永登美幸です。

皆さんは、自分が希望しているようには、事が進まない……ということを経験されたことがありますか。

私の結婚が、まさにそのきっかけとなりました。私は看護師です。仕事が楽しくて、早く一人前になるんだと懸命に働いているさなか、突然、結婚話が持ち上がり、周囲の勧めもあって、トントン拍子に縁談はまとまりました。

結婚した先は、念仏の強《ごう》信者の家でした。家族

間のもめごとや口げんかは日常茶飯事《さ》。念仏に信心深い義母は、朝、太陽に向かって手を合わせ、次に神棚《かみだな》に手を合わせ、最後に仏壇に手を合わせていました。当時の私は、義母とはほとんど口をきかない状態でした。三人の子供が小学校に上ってからは、私は看護師のパートに出ましたが、それは短時間でも家から離れるのが主な理由でした。そんな生活のなか、家族六人分の料理をしますが、義母と一緒に食卓を囲むことが嫌で、後片付けをしたあとに一人で食べていました。そのような日々が十五年も続き、子供達もあきれ果てていました。

お題目の不思議な功徳を体験

我が家の向かいの美容室は、正継寺の婦人部長さんのお店です。時々行って髪を整えてもらうなか、苦しい胸の内を話すようになりました。義母を嫌だと思う心、ママ友達をうらやましく思う心、夫への不満など、私の心は良くないもので一杯でした。

婦人部長さんは「幸せになりたいなら『南無妙法蓮華経』と唱えてごらん」と、何度も私に言ってくれました。でも私はできませんでした。信心の話を聞くのは好きでしたが、実際に唱える気持ちにはなれなかったのです。

ある日、「こんな苦しい日々が明日も続くのだ。次の日も、次の日も苦しいままだ」と、つくづく思いました。そして、私は意を決し、その日から南無妙法蓮華経と唱え始めました。朝、富士山の方向に向かって、こっそりと唱えました。願っていたのは、「どうぞ私から良くない心を抜いてください」ということでした。

一カ月ほど過ぎたころ、胸の中央あたりから、何か黒いものがスーっと抜けていくのを感じました。それが四日間ほど続き、五日目の朝、いつものように唱えると、不思議にも心が楽になっているのが判りました。この経験を経て、私は自ら望んで、お寺に連れて行ってくれるよう婦人部長さんに頼み、座談会に参加して数日後、御授戒を受けました。南無妙法蓮華経の七文字しか知らない私でしたが、功徳《くどく》を頂くことができたのです。

その後、内得信仰の日々を過ごしていましたが、隠れてするのが嫌になり、夫と義母に日蓮正宗に入ったこと、お寺に通っていることを話しました。すると夫は激怒し、「寺に通うなら離婚だ」と強い声で怒鳴《どな》りました。義母は「長男の嫁として失格だ。子供を連れて出ていけ」と言いました。

謗法の罪障は明らか　苦難に臆せず信行に励む

その後も夫と義母の日蓮正宗への誹謗《ひぼう》は止まらず、その罪ゆえか、ついに夫は大動脈破裂を発症し、生死をさまようこととなりました。義母も精神的な病で入院しました。このことを知った義妹は、私をなじりました。

結局、私と子供達は家を出て、借家《しゃくや》住まいになりました。大病を乗り越えた夫は、子供達が可愛かったのでしょう、共に家を出ました。借家での新しい生活が始まりましたが、夫の日蓮正宗への誹謗は止むことはありませんでした。夫はその後も、二回の大動脈破裂を起こし、転げ落ちるように病弱になっていきました。そしてついに、会社を辞《や》めるようになり、家計は極度に悪化してしまいました。

私達はとうとう借家を離れ、夫は生活保護を受ける身となり、子供達はそれぞれ独立し、私は二つの仕事をこなしながら一人、アパート住まいをすることになりました。

借家からの引っ越しの際、持ち物のほとんどを処分したので、アパートに入居した時には家電製品は一つもなく、家具もありませんでした。冷蔵

講中の皆さんと

庫がないので、食料はその日の分だけ買いました。テーブルは衣装ケースで代用、食器はダンボールから出し入れしました。このような生活でも私は、御本尊様を疑うことはありませんでした。そして、縁故の方への折伏と、お寺のチラシを持って訪問折伏を行い、二時間の唱題も続けました。「もう失うものはない。怖いものなど何もない。信心をやり通した結果なのだから、これでいいんだ」と思いました。

その後、夫とは時々連絡を取り、折伏を続けていましたが、日蓮正宗への誹謗は変わりませんでした。私は、日蓮正宗を誹謗し続ける夫との連絡を一切やめました。しばらくして、夫にどうしても連絡を取らなければならなくなり、九カ月ぶりに会うことになりました。久しぶりに会った夫は、ひどく痩《や》せ、腹水が大量にたまっている状態で、歩くこともできませんでした。そんな夫を説得し、なかば強引に病院を受診させました。すると医者から「腫瘍《しゅよう》マーカーの結果、おそらく腹膜ガンでしょう」と言われました。その日の病院の帰りに信心の話をし、折伏をしましたが、それでも夫は受け入れてくれませんでした。

次の日、生活を整えるための買い物をしたあと、もう一度折伏をしましたが、今度は「お願いだから、その話はしないでくれ」と懇願《こんがん》されました。それでも私は、二日後の病院受診の帰り、私が運転する車内で折伏をしました。すると夫は両手で耳を押さえ、「南無阿弥陀仏《あみだ》」と唱え始めました。私は「『南無阿弥陀仏』ではないよ、『南無妙法蓮華経』だよ」と言い、車内だからいいやと考え、夫の声を打ち消すように、大きな声で唱題をしました。すると夫はパッと耳から手を離し、すごく驚いていました。

こんなに反対する夫でも、前世からの深い因縁で結ばれた人です。子供を守り育て、家庭を大切にしてきてくれた夫です。私は、なんとしても折伏しなければ、と強く思いました。

行事のお手伝いをいつもの笑顔で

諦めない折伏が実を結ぶ

次の日、役所の手続きをしたあと、夫と近くにあった長イスに座り、今度は落ち着いて、心を込めて折伏をしました。色々、今まで夫婦として互いに苦労してきたことも話しました。そして最後に、今まで何年も伝え続けてきた言葉、「一緒に信心しようよ」と、もう一度言いました。

すると、夫は静かにうなずき、「わかった。お寺に行く」と言ったのです。私はとにかく、その足で正継寺に向かいました。御住職様にゆっくりとお話を頂き、ついに御授戒を受けることができたのです。まるで夢の中にいるようでした。ここまでくるのに、丸八年かかりました。

御授戒を受けたあと、夫はガンに関する色々な検査を受けましたがどれも問題なく、ガンの確定には至りませんでした。左側の喉《のど》の奥にあったしこりも、いつの間にか消えていました。

一時は死にたいとまで言っていた夫ですが、今は自分のペースで唱題をしています。そして近くのスーパーまで、一人で杖をついて買い物ができるまでに快復しました。

私は、このような経験から、強い心で折伏を続けていけば、必ずいつかは叶うこと、その人のことを真剣に願って、唱題をし続けることの大切さを学びました。そして、どん底まで堕《お》ちた境界の人であっても、「南無妙法蓮華経」と唱えれば、少しずつでも変わって、幸せを感じることができるのだと知りました。長い長い道のりでしたが、私は夫の折伏を通して、やっと一歩、成長できたように感じています。

これまで何度もくじけそうになりましたが、そのたびに、御住職様をはじめ、講中の方々から温かい励ましの言葉を頂きました。それが私の心の支えとなりました。

まだまだ信心未熟な私ですが、これからも地道に折伏を実践し、折伏誓願目標達成のため、また頑張っていこうと決意しています。

つたない体験でしたが、御清聴、誠に有り難うございました。（妙教・令和4年5月号）

法華講員体験談シリーズ22

信心の喜びを 分かち合おう

ISBN978-4-910458-14-4
C0015 ¥182 E

9784910458144

1920015001825

定価　200円
（本体182円＋税）

荘厳された御影堂（霊宝虫払大法会御逮夜）

令和5年1月1日　初版発行
ISBN　978-4-910458-14-4